NOTICE HISTORIQUE

SUR LES

MOITIERS-EN-BAUPTOIS

ET SES ENVIRONS.

DEPUIS LES TEMPS LES PLUS RECULÉS
JUSQU'À NOS JOURS

Par

N.-J.-B. MAUGER,

Ancien Instituteur,

BRICQUEBEC

Imprimerie L. MAHAUT, Place des Buttes.

1884.

NOTICE HISTORIQUE

SUR LES

MOITIERS-EN-BAUPTOIS

ET SES ENVIRONS.

DEPUIS LES TEMPS LES PLUS RECULÉS
JUSQU'À NOS JOURS

Par

N.-J.-B. MAUGER,

Ancien Instituteur,

BRICQUEBEC

IMPRIMERIE L. MAHAUT, PLACE DES BUTTES.

—

1883.

NOTICE HISTORIQUE

SUR LES

MOITIERS-EN-BAUPTOIS

ET SES ENVIRONS.

CONTENANT:

1° De curieux détails sur la contrée à l'époque Gauloise et Gallo-Romaine, et pendant le moyen-âge ; sur les seigneurs du lieu, et les droits féodaux, en général, ainsi que sur les diverses redevances seigneuriales avant 1789, sur les manoirs, les oubliettes, etc.

2° Des légendes populaires locales, recueillies dans la contrée, sur les revenants, sorciers, gnomes, fées, dames blanches, lutins, farfadets, noueurs d'aiguillettes, etc.

3° Des détails intéressants sur les édifices communaux, avec les listes des divers fonctionnaires et employés jusqu'à ce jour.

4° Les principaux faits locaux relatifs à la Révolution de 1789 et à la guerre de 1870-1871.

5° Enfin, des notes étymologiques sur les principaux noms de lieux et de personnes.

NOTICE HISTORIQUE

SUR LES

MOITIERS-EN-BAUPTOIS

ET SES ENVIRONS.

CONTENANT :

1o De curieux détails sur la contrée à l'époque Gauloise et Gallo-Romaine, et pendant le moyen-âge ; sur les seigneurs du lieu, et les droits féodaux, en général, ainsi que sur les diverses redevances seigneuriales avant 1789 ; sur les manoirs, les oubliettes, etc.

2o Des légendes populaires locales, recueillies dans la contrée sur les revenants, sorciers, gnomes, fées, dames blanches, lutins, farfadets, noueurs d'aiguillettes, etc.

3o Des détails intéressants sur les édifices communaux, avec les listes des divers fonctionaires et employés jusqu'à ce jour.

4o Les principaux faits locaux relatifs à la Révolution de 1789 et à la guerre de 1870-1871.

5o Enfin, des notes étymologiques sur les principaux noms de lieux et de personnes.

PROLOGUE

Il n'est pas, ce me semble, de plus légitime curiosité que celle qui consiste à chercher, en déroulant la suite des temps, les évènements qui se sont succédés dans la contrée que nous habitons. Ces recherches ont pour but, en effet, de nous y intéresser encore plus vivement par des souvenirs qu'il nous importe de conserver.

" L'homme, dit un auteur, aime singulièrement
„ à retracer dans sa mémoire les évènements qui
„ l'ont précédé sur la terre ; et, resserré entre les
„ bornes d'une courte existence, c'est, pour ainsi
„ dire, doubler sa carrière que de connaître un autre
„ âge ; inutilement tourmenté du désir de péné-
„ trer l'avenir, il satisfait en quelque sorte ce pen-
„ chant en promenant un œil avide sur la route que
„ ses prédécesseurs ont parcourue : heureux s'il est
„ assez sage pour profiter de l'expérience des siè-
„ cles qui sont écoulés. „

Dans cette courte notice, je n'ai pas la prétention de donner une histoire complète de la com-

mune et paroisse des Moitiers. Les simples renseignements que je consigne ici, puisés à des sources certaines, serviront peut-être un jour à quelque érudit, dont la plume plus habile que la mienne, se chargera de remplir cette tâche. Un semblable travail entrepris dans chaque commune serait un monument conservateur des traditions locales, qui se perdent et disparaissent tous les jours. J'ai ouvert le registre ; je fais des vœux pour que d'autres le continuent ; et, comme certain vieil auteur normand, je termine mon prologue " priant à tous lecteurs que
„ s'il y a aucun oublieux, vice d'escripture de le
„ supporter et bénignement le corriger, laisser la
„ paille et recueillir le grain. „

I. — Etymologie.

1° *Les Moitiers.* — L'origine de cette paroisse semble remonter à une époque très-reculée. Suivant une ancienne tradition, vers la fin du VII° siècle, St-Ermeland, ou Hermeland, abbé d'Aindre (1), vint

(1) L'abbaye d'Aindre, Andres ou Ambres, était située dans une île de la Loire, près de Nantes.

Saint-Ermeland ou Hermeland (*Sanctus Hermelandus*) naquit à Noyon (Oise), sous le règne de Clotaire III (de 584 à 628), selon l'auteur des vies des saints de France, il mourut vers 710. Le martyrologe romain et celui d'Usuard marquent sa mort au 25 mars ; et le cardinal Baronius dit qu'il décéda l'an 699. Les continuateurs de Bollandus mettent sa mort en 715, et Moreri, en 718.

fonder en ce lieu un monastère, qui a fait donner à la paroisse le nom de Moitiers, que l'on écrivait d'abord Montiers, puis Moustiers ou Mousthiers et ensuite Moutiers, corruption du mot Moutier. Ces diverses formes de nom, qui se traduirent toujours par *monasteria*, indiquent deux monastères ou deux églises qui, sans doute, se trouvaient jadis sur le territoire de cette paroisse ; ou, ce qui est plus probable, une église et un monastère ; car, autrefois, on appelait Moutier, et, par corruption, Moitier, non-seulement les monastères, mais encore les églises.

Aucun texte ancien ne prouve, il est vrai, que St-Ermeland, ait fondé un monastère aux Moitiers; mais quelque soit le fondateur, l'existence d'un monastère en ce lieu ne saurait être mise en doute : les vestiges découverts depuis plusieurs siècles dans tout le voisinage de l'église en sont une preuve irrécusable.

2° *En-Bauptois.* — L'affixe en Bauptois, que l'on ajoute au nom de Moitiers, lui vient du nom de l'ancienne contrée appelée *Bauptois*, dans la circonscription de laquelle cette paroisse se trouvait située. Ce nom, que l'on écrivait autrefois *Balta* et *Baltha*, vient du celtique *balt*, qui signifie un *lieu couvert ou entouré d'eaux*. Le mot Scandinave *belt* a la même signification. — Les Moitiers-en-

Bauptois *Monasteria in Baptesio*, veut donc dire : Les Monastères ou les Églises au milieu des eaux. On sait, en effet, que, dans l'ancien pays appelé le Bauptois, il y a des marais qui, pendant une grande partie de l'année, sont couverts d'eaux.

Le Bauptois relevait du domaine et de la vicomté de Carentan. Il formait, dans le diocèse de Coutances, un archidiaconé fort important, (le plus important du diocèse) qui s'appelait primitivement l'archidiaconé des *Iles*. Il se composait de 5 doyennés, savoir : du Bauptois, de Carentan, de la Haye-du-Puits, de Saint-Sauveur-le-Vicomte et de Barneville, qui comprenaient 84 paroisses. Le doyenné du Bauptois était composé des 18 paroisses suivantes : Les Moitiers, Coigny, Beuzeville-la-Bastille, Prétot, Cretteville, Houtteville, Appeville, Baupte, chef lieu (1), Vindefontaine, Nay, Sainte-Suzanne, St-Jores, Le Plessis, St-Germain-la-Campagne, Gorges, Gonfreville, S-Germain-le-Vicomte et le Buisson. — St-Germain-la-Campagne est aujourd'hui réuni à Gorges, St-Germain-le-Vicomte se nomme St-Germain-sur-Sèves et le Buisson lui est réuni.

(1) La petite commune de Baupte avait jadis une grande importance. Il y existait un riche prieuré de l'ordre de Saint-Benoît ; il s'y tenait un marché. Son nom est une corruption de *Baptisterium* : lieu rempli d'eau.

II. — Coup-d'œil général sur l'état de la contrée a l'époque gauloise et gallo-romaine, et pendant le moyen-age.

D'après les commentaires de César, quand les Romains envahirent la Gaule, environ 50 ans avant J.-C., notre contrée était habitée par un peuple gaulois, nommé les *Unelles* ou Venelles, *Unelli*, qui avait pour chef-lieu la ville de *Crociatonum*, située sur l'emplacement où se trouve aujourd'hui la commune de Saint-Côme-du-Mont. Mais, nous n'avons aucune preuve que la terre qui forme aujourd'hui la commune des Moitiers ait été habitée avant cet envahissement. A cette époque, la longue bande de marécages qui se trouve au Nord des Moitiers, et qui va de Portbail à la baie des Veys, ne formait qu'une immense forêt, dont on voyait encore les restes au XIe siècle, ainsi qu'on le lit dans la charte de fondation de l'abbaye de Lessay (1066). Les vieilles souches d'arbres que l'on retrouve encore aujourd'hui partout dans les marais et dans les prés de la *Pie* en sont une preuve palpable.

On ne saurait douter que ce lieu — comme du reste, toute la contrée, ait été habité, au moins en partie, par les Gaulois, et que les Druides n'aient rendu témoins de leurs sacrifices ses ténébreux et mystérieux ombrages. Les dolmens, les menhirs, les cromlechs etc., trouvés dans les environs, notamment à Varenguebec, à Rauville, à Cretteville, à Appeville, à Lithaire, etc., ne laissent aucun doute à ce sujet. Ces simples pierres, d'une mince valeur intrinsèque, mais d'une valeur historique fort importante, caractérisent évidemment des monuments du culte druidique, et semblent indiquer que, il 'y a 2000 ans, notre contrée renferma dans son enceinte des sacrificateurs des faux dieux Tarann, Hésus, Hertact Teutatès.

On ne saurait dire combien de siècles se sont écoulés avant que l'homme ait osé s'aventurer dans cette sombre forêt, où les bêtes fauves, telles que les loups, les ours, et de grands bœufs sauvages appelés aurochs, trouvaient seules un inviolable asile. Tout ce que l'on sait, c'est que, quand à une époque inconnue, des populations vinrent se fixer sur les bords de cette forêt, les sols les plus fertiles furent graduellement dépouillés des arbres qui les couvraient et mis en culture et en prairies.

Pendant plus de 4 siècles, que notre pays fut sous la domination romaine il y eut des habitants dans la terre des Moitiers. Mais ils durent disparaître après le règne des Clovis, qui porta le dernier coup à cette puissance. L'acte de concession, faite à Rollon, premier duc de Normandie en 912, par le roi Charles-le-Simple, nous montre le territoire de toute la contrée comme inculte et *inhabité.* Mais elle ne dut pas être longtemps avant de se repeupler ; car en 1225, sous le règne de Louis VIII, alors que la lèpre était devenue générale, plusieurs *léproseries ou maladreries* furent établies dans les environs, pour séquestrer les individus atteints de cette horrible maladie, notamment à Rauville, à Néhou, à Sainte-Marie-du-Mont, à Carentan, à Lithaire, etc. ; ce qui prouve que, à cette époque, la contrée devait renfermer une nombreuse population.

III. — Seigneurie des Moitiers.

Il y avait autrefois aux Moitiers un plein fief de haubert qui relevait directement du roi, et dont le manoir féodal se trouvait près l'église, à l'endroit qu'on nomme la *Cour*. Ce fief s'étendait depuis la limite de Vindefontaine jusqu'à la Baronnie de Varenguebec. Il y avait colombier, moulin à vent, moulin à eau, garenne, bois de haute futaie, bois taillis, marais, terres labourables, droit de pêche dans la rivière de l'Ouve, et droit de justice par le sénéchal de la seigneurie. D'après un aveu rendu au roi le 15 juillet 1687, par Mgr. Charles-François Loménie de Brienne, évêque de Coutances et seigneur des Moitiers, les habitants de ce lieu avaient droit de pâturage pour leurs bestiaux, dans les marais, landes et bois de Morte-Femme, en payant, pour chaque animal, un denier tournois par an, au jour Saint-Jean-Baptiste. Pour la partie du domaine fieffé, les hommes et vassaux devaient en froment, 564 boisseaux, mesure rentière, 260 boisseaux d'avoine, 22 livres en argent, 4 chapons, 100 poules, 1000 oeufs, et autres espèces de rentes seigneuriales. Ils devaient, en outre, le service de faire les foins du *Pré-entre-deux-Bois* (Limors et Les Moitiers), et des corvées de charrues, la garde des garennes, etc., etc. Les anciennes maisons qu'on voit encore au hameau de l'Eglise sont les restes de l'ancien manoir et de ses dépendances. Deux de ces maisons viennent d'être démolies et remplacées par des constructions nouvelles. Un pan de mur de l'ancien colombier, détruit vers 1850, se trouvait encore debout en 1878.

La seigneurie des Moitiers avait jadis des dépendances considérables qu'elle a conservées pendant plusieurs siècles. Ainsi, au XVe et au XVIe siècle, elle avait dans sa mouvance le grand fief de la *Carbonnière*, à Condé-sur-Vire, duquel relevait le petit fief de la *Carbonnière*, assis à Longueville.

Au XIIe siècle, la Seigneurie des Moitiers appartenait à un sieur Châteaubrillant, au droit de Guillemette des Moustiers, sa femme, avec les landes et bois de Morte-Femme. Après sa mort, il en fut fait partage entre ses trois filles ; l'aînée eut le fief dominant ; la seconde, le fief mouvant du *Ronceray* et la troisième, le bois et la lande de Morte-Femme, avec plusieurs terrains adjacents. Celle-ci se suicida ; et, après sa mort, le roi confisqua les biens qui lui appartenaient dans les deux paroisses des Moitiers et de Vindefontaine, et les érigea en fiefferme sous le nom de *Morte-Femme*, à cause de la femme qu'on y avait trouvée morte.

IV. — Seigneurs des moitiers.

La famille des seigneurs des Moitiers est très-ancienne ; elle remonte aux premiers ducs de Normandie. Robert des Moustiers, le plus ancien dont on retrouve le nom, était contemporain de Guillaume le Conquérant, avec lequel il signa, en 1066, la charte de fondation de l'abbaye de Lessay (1). Ce fut lui qui, vraisemblablement, donna à cette abbaye 3 acres de terre et 3 champs qu'elle possédait aux Moitiers dès avant la fin du règne du conquérant.

En 1167, on trouve Guillaume des Moustiers signant comme témoin, une charte de Richard du

(1) L'abbaye de Lessay de l'ordre de Saint-Benoit, fut fondée en 1066, par Richard de la Haye, et sa femme Mathilde de Vernon.

Hommet, abbé du Mont-Saint-Michel au péril de la mer, *in periculo maris*, dans laquelle se trouve la plus ancienne mention de la *tangue* que l'on puisse citer.

Plus tard, on trouve dans le chartrier de Richard de Fortescu, conservé à Londres au musée britannique, une charte latine d'un autre Guillaume des Moustiers, — probablement petit-fils du précédent, — datée du mois de mars 1268, dans laquelle on trouve que sa fille *Lucie* avait épousé Raoul de Mons, écuyer de Sainte-Marie-du-Mont.

La famille des Moustiers avait des droits de patronage et possédait des terres dans diverses paroisses de la contrée. Ainsi, dans la première moitié du XIIe siècle, elle possédait l'église de Sainte-Colombe, de Crasville ; car, on trouve que, en 1154, Richard de Bohon, évêque de Coutances, confirma à l'abbaye de Montebourg la donation que Roger des Moustiers lui avait faite de cette église. — En 1200 Robert des Moustiers, chevalier, donne à Robert, abbé de Lessay, tous ses droits sur le bois de Huppelande, (bois de Lessay), à condition que l'abbaye lui permettait de mettre tous ses bestiaux à paître dans ce bois, excepté les chèvres ; et qu'elle lui accordait un droit semblable dans le bois du Plessis ; et de plus, la *costumam nidi cornicis*.

En 1324, on trouve Jean des Moustiers, qui épousa Luce de Bricqueville, fille du seigneur de Launay, d'où sortit un fils nommé aussi Jean des Moustiers, qui épousa plus tard Jeanne de Buret, fille de Jean de Buret, seigneur de la Carbonnière. Leurs enfants furent : 1° Guillaume des Moustiers, seigneur d'Aisy et de la Carbonnière, qui comparut à la montre faite à la Hogue de Saint-Vaast, en 1463 ; 2° Nicolas des Moustiers, tige des seigneurs de Neufmesnil, qui épousa Jacqueline de Marry.

En 1387, l'abbaye de Blanchelande (1) céda Neufmesnil — que Nicolas Frappier lui avait donné en 1381 — à Jean des Moustiers, avec toutes les appartenances, ce qui fait que, pendant les trois siècles suivants, on trouve constamment des membres de la famille des Moustiers à Neufmesnil. Après Jean des Moustiers y figurent successivement Arthur, Jean, Jacques et Marie-Marguerite-Michel, seule héritière de Jean des Moustiers, unique seigneur tréfoncier de Neufmesnil. Elle épousa Jac-

(1) L'Abbaye de Blanchelande de l'ordre de Prémontré, fut fondée, au mois d'août 1155, par Richard de la Haye et sa femme Mathilde de Vernon, fondateurs de celle de Lessay. Le principal établissement des Prémontrés, religieux réformés de l'ordre de Saint-Augustin, fondé en 1120, par Saint-Norbert, allemand, archevêque de Magdebourg, était situé près de Laon (Aisne), au lieu appelé Prémontré.

ques-Philippe-Félix Le Sens, celui qui rendit aveu en 1762.

En 1381, Robert d'Harcourt était titulaire de la Seigneurie des Moitiers, par Guillemette des Moustiers, sa femme. Après sa mort, Goyon de Matignon, comte de Torigny, lieutenant pour le roi, en Basse-Normandie, devint seigneur des Moitiers, au titre de sa femme, qui était une demoiselle d'Harcourt, et qui possédait cette seigneurie comme héritière de Guillemette des Moustiers, sa tante. Le 10 juin 1574, quand le maréchal de Matignon, l'un des descendants de Goyon de Matignon, s'empara de la ville de Saint-Lo, la baronnie de cette ville appartenait à Arthur de Cossé, évêque de Coutances; Matignon, qui l'avait arrachée plusieurs fois des mains des ennemis, et qui, par suite des travaux importants qu'il y avait fait exécuter, s'y était attaché, la demanda au roi, du consentement de l'évêque, pour la réunir à son comté de Torigny. Il donna en échange à l'évêque plusieurs domaines au nombre desquels figure " *la terre et Seigneurie des* „ *Moustiers-en-Bauptoys, avec tous les droicts de patronage* „ L'acte d'échange fut passé à Caen le mardi 22 mai 1576, par devant Le Maistre et Jean de la Haye, tabellions royaux, en la maison de Me Guillaume Gosselin, sieur des Ifs-sur-Zozon, et ratifié par lettres-patentes du 9 août 1577. En vertu de cet échange, l'évêque de Coutances devint seigneur et patron des Moitiers, titre que ses successeurs ont conservé jusqu'à la Révolution de 1789, c'est-à-dire pendant environ 212 ans.

V. Sous-fief du Ronceray.

1° *Composition.* — Le Sous-Fief du Ronceray, quart de fief de hautbert, assis en la paroisse des Moitiers, se composait, outre la ferme actuelle de ce nom, de la propriété appelée le *Clos-Verdier*; de diverses pièces de terre nommées la *Cotellerie*, la *Seconde-Croute-du-Port*, les *Feuffes*, l'*Aunay*, le *Pré-Carré*, le *Marais-du-Pré* ou *Duprey*, la *Platière* et le *Gahuet*; le tout d'une contenance de 552 vergées environ.

Ce fief était composé de domaine ordinaire, de domaine fieffé, et de divers droits seigneuriaux et notamment de ceux de colombier et de pêche.

Le droit de colombier s'étendait sur un certain rayon de terrain autour du fief du Ronceray et de ses dépendances. Aussi dans les premiers mois de 1879, Antoine de Garabey assigna Pierre de Baupte, sieur de Contrepont, en destruction d'une faie à pigeons qu'il avait fait construire dans la maison de la *Juganvillerie*, dont il était propriétaire.

Le droit de pêche dans la rivière de l'Auvel

allait depuis la chaussée de Pont-l'Abbé jusqu'à la Mare-Gahuel et aux fossés d'entre les marais de Vindefontaine, Cretteville et le marais du Pré ou Duprey. Cette étendue de droit de pêche fut reconnue en 1381, à Guillaume Rouxel, par Robert d'Harcourt.

Le domaine ordinaire se composait d'un manoir, de pièces de terre en labour, d'herbages, de prairies, de bois et de garenne. Trois de ces prairies se nommaient le marais Duprey ou du Prey, le marais du Feugueray, et le petit marais des Moitiers ou de la Chaussée, et ces marais, d'après un auteur, dépendaient dès 1181 de la terre du Ronceray.

Robert d'Harcourt, seigneur des Moitiers, par transaction du 3 juin 1381, reconnut que ces trois prairies ou marais appartenaient à Guillaume Rouxel, comme seigneur du Ronceray. — Dans des aveux de 1440 et 1449, Jean de Pierrepont se déclare propriétaire de ces prairies ; — et en 1542 et 1549, son petit-fils, qui se nommait aussi Jean de Pierrepont, agit de la même façon, et tous deux toujours au même titre.

En 1588, un arrêt du conseil privé du roi, déclare que ces prairies étaient la propriété de Guillaume de Pierrepont, qui, comme héritier de Jean de Pierrepont, son père, s'était opposé à la saisie qui avait été faite, en vertu des édits de 1566 et de

1575. Cette décision fut confirmée le 1er février 1597, par une sentence de M. Legay, commissaire royal, et le 27 juillet 1601, par un arrêt du conseil du Roi.

Le domaine fieffé se composait des fiefs ou sous-fiefs suivants : L'ainesse des Goffez et les tenements Brevint, aux Vesques, de la Pastellerye, Robert le Vinet, de la Deslanderie, Gréard, aux Maslez (ou peut-être Hasleys), de la Sagerie, de la Gardel, Clairault, aux Roubelotes, Germain le Vinet, des Cotelles, des Pigouchets, aux Patrix, du Val, de la Duvallerye, des Perruques et des Maladreries. Les redevances de ces diverses terres fieffées s'élevaient à environ 374 boisseaux de froment, 218 boisseaux d'avoine, 214 gluis, 837 œufs, 89 poules, 52 livres dix sols, 25 chapons, 25 oies, 24 pains, 3 boisseaux d'orge, 6 fourches à foin et 29 journées de charrue et de herse.

2° *Les Seigneurs.* — Nous avons déjà dit que, en 1381, noble homme, Guillaume Rouxel, chevalier, était seigneur du Ronceray. Plus tard, ce fief passa dans la famille de Pierrepont. Cette famille est très ancienne, elle était établie en Basse-Normandie dès le temps de Rollon, et avait son berceau à Saint-Nicolas-de-Pierrepont, où elle possédait une terre de ce nom, érigée en plein fief de hautbert. La demeure baronniale des seigneurs de Pierrepont se trouvait là où est située une ferme sous le nom de *Cour de Pierrepont*. Cette habitation, qui n'offre aujourd'hui rien de féodal, avait jadis des fossés pleins d'eau, un colombier et un moulin.

Dans des aveux de 1440 et 1449, ***Jean ou Jehan de Pierrepont*** se déclare seigneur du Ronceray. — En 1542 et 1549, un autre Jean de Pierrepont, petit-fils du précédent, agit au même titre. — De De 1562 à 1622, on trouve Guillaume de Pierrepont, fils de Jean, seigneur du même fief et de St-Marcouf. Il avait épousé une demoiselle de Longaunay, dont la famille a joué le rôle le plus important dans nos guerres du XVIe siècle. Il mourut à Flottemanville, lieu de sa résidence habituelle en 1622.

A Guillaume de Pierrepont succéda Hervé de Pierrepont, son fils, qui outre le titre de seigneur du Ronceray, prenait en même temps ceux de chevalier, seigneur et patron d'Etienville, Flottemanville, Urville, Rouville et Rouvillette. Plus tard, il ajouta à ces titres celui de commandant pour le roi aux ville et forteresse de Granville. Il est décédé au manoir d'Etienville, le 18 août 1662, et inhumé dans le chœur de l'église de cette paroisse, lieu qu'il avait choisi pour sa sépulture.

Ses pigeons furent souvent attaqués par les maraudeurs; et ces attaques l'obligèrent, à diverses reprises, d'en appeler par toutes les voies légales pour les sauvegarder. Le 18 février 1657, il fit publier au prône de la messe paroissiale des Moitiers, par le curé Enguerand-Poullain, un arrêt du Parlement de Rouen, défendant à toute personne de tirer sur ses pigeons, et de pêcher du poisson dans la partie de la rivière de l'Ouve qui lui appartenait (depuis la chaussée de Pont-l'Abbé, jusqu'au marais de Vindefontaine).

Hervé de Pierrepont a fondé dans l'église des Moitiers des messes pour le repos de son âme et de celle de sa femme, de ses quatre sœurs et de son beau-frère Christophle de Sainte-Marie. Une portion de ces services y est encore acquittée aujourd'hui.

Par suite de la mort de Hervé de Pierrepont, *Antoine de Garaby de la Luzerne*, né à Montchâton, dans la terre de la Luzerne, le 28 octobre 1617 de *Bernard de Garaby de la Luzerne*, et de Françoise de Pierrepont, sœur de Hervé, hérita des biens et des noms de son oncle. Il devint par là seigneur de Ronceray et d'Etienville et prit le nom de *Garaby-de-Pierrepont-de-la-Luzerne-Etienville*. Il en fut seigneur du Ronceray de 1662 à 1679. Il avait épousé Anne de Vassé, d'une noble et ancienne famille du Maine ; mais il ne laissa pas d'enfants de ce mariage. Il mourut à l'*Ile-Marie*, chez le maréchal de Bellefont, le 4 juillet 1679, à l'âge de 62 ans, et fut inhumé à côté de son oncle, dans le chœur de l'église d'Etienville, paroisse où il avait fixé sa demeure et où il passa les dernières années de sa vie. Il laissa en mourant ses affaires en assez grand désordre. — En 1696, le fief du Ronceray, fut vendu 44,992 livres au maréchal de Bellefont, pour liquider la succession dudit sieur de Garaby.

La succession de Antoine de Garaby, décédé sans postérité, passa à *Isabeau* ou *Isabelle de Pierrepont,* sa tante, qui, en 1632, avait épousé *François du Moncel,* sieur de Flottemanville, près Valognes, lequel devint par là seigneur du Ronceray.

En 1683, se fondant sur l'accord du 13 juin 1381, le sieur de Flottemanville prétendit qu'il était propriétaire des trois pièces de marais dont il a été parlé — marais du Pré, marais du Feugueray et Petit Marais de la Chaussée — et que lui et ses hommes avaient, *seuls* le droit d'en jouir. Et pour arriver plus sûrement à obtenir cette propriété et jouissance, il forma un projet coupable : il parut un jour à la tête de 60 hommes armés dans ces marais ; il voulut s'emparer des bestiaux et maltraita ceux qui s'opposaient à ses violences. Les paroissiens poursuivent extraordinairement le seigneur du Ronceray et ses complices, à la tête desquels se trouvaient Georges Le Breton, sieur du Taillis, son fermier, Jacques Roublot et Jean-Nicolas Le Gauffey; une instruction criminelle fut entreprise ; les sieurs Roublot et Legauffey déclarèrent abandonner leurs prétentions en consentant à ce que ces marais continueraient à être communs; mais Le Breton *seul* s'opposa à cette pacification générale ; et l'instruction un moment interrompue, fut reprise. On n'a pas la suite de la procédure, mais il est certain qu'elle eut quelque succès ; car, dans une déclaration des communs habitants passée en 1631, on trouve que les marais avaient toujours été communs depuis l'abandon fait, au XIIe siècle, par le seigneur Chateaubrillant, à tous ses vassaux ; et depuis cette époque, la jouissance commune a toujours existé.

En 1719, le fief du Ronceray appartenait à Pierre-François Yon, écuyer. Ce domaine est passé plutard dans la famille de Feuillye de Riou. En 1789, il avait pour propriétaire Léonor-Georges-André Feuillye, écuyer, seigneur et patron de l'Ile-Marie et de Riou. Par suite de son émigration, la terre du Ronceray fut vendue, au profit de la nation, au district de Carentan, le 9 germinal an VI (23 mars 1798.)

VI. — L'ÉGLISE.

1° *Ancienne église.* — Suivant une tradition locale incertaine, l'église actuelle des Moitiers ne serait pas l'église primitive de la paroisse ; il y aurait eu jadis une autre église qui devait se trouver sur le côté opposé du chemin vicinal, sur l'une des pièces nommées les *Herbages*. Aucun titre, aucune preuve certaine ne se présente à l'appui de cette tradition. Néanmoins, il paraîtrait que l'on aurait trouvé dans cette contrée des restes de maçonnerie provenant d'anciennes fondations d'un édifice construit jadis en cet endroit. En admettant que cet édifice fut l'église paroissiale — ce qu'on ne peut nier ni affirmer — il y a lieu de présumer qu'elle fut détruite par les pirates Normands en même temps que le monastère de S.-Ermeland. Peut-être aussi cette première église serait elle tombée de vétusté ?..... Quoiqu'il en soit, comme les abbayes aimaient à fonder des maisons religieuses qui fussent sous leur dépendance, il serait possible qu'après la conversion de Rollon, l'abbaye de Blanchelande eût envoyé aux Moitiers quelques moines pour relever le monastère de S.-Ermeland comme celle de Lessay en avait envoyé à Sottevast pour relever un autre monastère fondé dans cette paroisse par le même saint. Le savant antiquaire de Gerville semble appuyer cette supposition quand il dit que le premier pont établi sur la rivière de l'Ouve, entre les Moitiers et Pont l'Abbé a été construit au moyen âge (du Ve au XVIIe siècle), par un abbé de Blanchelande, d'où est venu à ce pont le nom de Pont-l'Abbé. M. l'abbé Lecanu dit aussi que ce pont a été construit vers 1192 ; ce qui s'accorde assez bien. Il fut détruit avant 1720 : car Masseville curé de Joganville, dit qu'en cette année, pour aller des Moitiers au bourg de Pont-l'Abbé on passait *en bateau*, ce qui prouve que le pont actuel a été construit depuis cette époque.

En admettant l'envoi de moines comme il vient d'être dit, on peut aisément conclure que ces moines désireux de réparer les destructions des farouches Normands, élevèrent d'abord une chapelle, pour eux et que cette chapelle après des agrandissements successifs, soit devenue l'église paroissiale qui existe aujourd'hui.

2. *Description générale de l'église actuelle.* — L'église des Moitiers ne se composait d'abord que de la nef et d'une partie du chœur jusqu'à deux mètres environ au-dessus des premières fenêtres. Ces deux parties n'offraient aucun intérêt ; c'était à proprement parler ce que les anglais appellent une ecclesiole, *ecclesiola*.

On voit, en effet s'ajouter successivement à cette partie primitive chacune des autres parties qui composent l'édifice tel qu'il existe aujourd'hui. Cette première partie est évidemment antérieure au XIIe siècle; car, en 1190, Guillaume de Tournebu, évêque de Coutances, en céda le patronage alternatif à l'abbaye de Blanchelande, qui en jouit jusqu'en 1576, époque de l'échange fait entre Matignon et l'évêque de Coutances. Alors ce dernier eut seul le patronage et nommait à la cure. Il y a donc lieu de croire que la partie primitive de cette église existe depuis, au moins 700 à 800 ans.

Aujourd'hui, l'église des Moitiers est cruciforme et se compose, de la nef, du chœur, de deux chapelles latérales formant transept, et d'une tour.

On entrait autrefois dans l'église par cinq portes; trois de ces portes sont murées depuis longtemps; et il ne reste plus ouvert aujourd'hui que le portail sous la tour, et la porte méridionnale de la nef, la seule qui, dans les circonstances ordinaires sert d'entrée à tous les fidèles. Cette porte, autrefois cintrée, fut mise dans son état actuel en 1767.

Le curé payait une décime de 24 livres en 1665, et de 34 en 1721.

3· *Chapelle du Rosaire.* — La chapelle méridionale dite *du Rosaire*, a été construite par le curé Enguerrand Poullain, vers 1660, du consentement des paroissiens, et suivant l'obligation prise par lui de l'entretenir à perpétuité, à ses frais. Lorsqu'il se vit près de mourir, il céda ses droits à Michel Cappey, de Cherbourg, qui alors était clerc, et qui espérait, sans doute, devenir le curé de la paroisse. Mais il mourut avant d'avoir eu le temps de recevoir l'ordination. Sa succession passa dans la famille de Baupte, alors propriétaire de la Juganvillerie. Cette famille devint par là même propriétaire de la chapelle du Rosaire, propriété qui lui a été reconnue dans plusieurs actes d'inhumation de membres de cette famille inhumés dans cette chapelle notamment les 1er août 1696, 18 février 1704, 30 avril 1741, 28 octobre 1760. A partir de cette époque, les descendants de Robert de Baupte cessèrent de remplir les obligations imposées au fondateur, savoir: l'entretien de la chapelle: et dès lors elle cessa de leur appartenir et devint la propriété de la paroisse comme les autres parties de l'église . Ce fut sans doute, à cette époque, que l'ancienne porte d'entrée fut murée intérieurement.

4° *Chapelle St-Sébastien.* — La chapelle septemtrionale est dédiée à St-Sébastien.

Elle a été construite par Hervé de Pierrepont seigneur du Ronceray, en 1658. On voit encore aujourd'hui, au-dessus d'une porte murée, avec les armes de la famille de Pierrepont, l'inscription suivante: HDPP, monogramme de Hervé de Pierrepont et la date 1658. — La statue de St-Sébastien et le rétable ont été faits par le sieur Tisson, sculpteur à Carentan, et placés le 29 novembre 1781. Le tout a coûté 300 livres, payées par M. Feuillye, alors seigneur du Ronceray.

5· *La Tour.* — Une tour carrée, haute de 18 mètres (54 pieds), et terminée par un toît à double égout, se trouve au bas de la nef. Elle a été construite, en 1656, par Jacques Ferey, maçon, aux frais des paroissiens. Elles a renfermé deux cloches jusqu'en 1793. Elles furent refondues aux frais des paroissiens en 1733. — Le 19 décembre 1793, Jacques Hébert, maire de Picauville, nommé commissaire, par arrêté du 26 août précédent, pour faire descendre les cloches du canton de Picauville, dont les Moitiers faisaient alors partie, fit transporter celles de ce lieu chez lui, avec les deux battants, pesant 38 livres, pour les porter à Carentan. Ce transport fut fait par Pierre Leroux et François-Thomas Luce, officiers municipaux — Aujourd'hui la tour ne renferme plus qu'une cloche, sur laquelle on lit cette inscription ;

« J'ai été nommée Louise-Françoise, par Louis-François-Etienne Germain, curé de ce lieu, et bénite par lui l'an VI. (1805) — Les Jourdan, fondeurs. »

Le sommet de la tour n'offre pas pour couronnement l'accessoire indispensable à tout clocher : le *coq* symbolique et traditionnel, malgré son origine bien antérieure au Xe siècle, ne se montre pas au-dessus de l'église. C'est un oubli regrettable; car le coq des clochers a pour lui une popularité universelle des coutumes et même des prescriptions formelles. Les ouvrages liturgiques nous apprenent que ce n'est pas un simple appareil destiné à indiquer la direction du vent ; mais que, dans la pensée de nos pères, il a une signification mystique, un sens symbolique. Guillaume Durand, évêque de Mende, mort à la fin du XIIIe siècle, nous dit, en effet, que le coq est l'emblême de la vigilance chrétienne ; que par son chant répété au milieu de la nuit, et pour lequel il se lève en se battant les flancs de ses ailes, il figure les prédicateurs qui prêchent avec force, les pasteurs zélés et ces apôtres de la parole sainte qui chantent le jour qui va paraître, lorsqu'ils annoncent le jugement de Dieu et la gloire éternelle.

(L'abbé Barrau, *Recherches sur les coqs des églises.)*

6° *Le Chœur et la Sacristie.* — Avant 1788 la partie de la nef comprise entre les deux chapelles faisait partie du chœur, qui s'étendait, comme il a été dit jusqu'à 2 mètres environ au-dessus des premières fenêtres.

Par délibération du 2 mars de cette année, les communs habitants autorisèrent le curé Germain à réunir cette partie du chœur à la nef, et à faire allonger celui-ci de *18 pieds*, ainsi qu'à construire la sacristie ; le tout aux frais des paroissiens. Après cet allongement, l'autel fut replacé là où il se trouve aujourd'hui, et le mur contre lequel il était adossé fut démoli.

Les deux statues de *St-Joseph* et de *St-Vulmer*, ont été faites par le sieur *Mongodin*, sculpteur à Bayeux, en 1695, et ont coûté 80 livres.

La lampe du chœur, qui est un véritable chef-d'œuvre a été donnée, en 1742, par l'abbé Roulland, vicaire des Moitiers.

Le tableau répésentant l'Assomption, a été donné par le curé Guillard, qui l'avait payé 80 livres.

7° *L'église transformée en Temple de la Raison.* — L'ère chrétienne fut solennellement abolie le 5 octobre 1793, et les églises furent transformées en Temples de la déesse Raison, seul culte qui remplaça alors tous les anciens. L'église des Moitiers subit cette transformation le 2 germinal an II (22 mars 1794) ainsi que le constate la délibération dont suit la teneur textuelle, prise par les citoyens François-Thomas Luce, Jean Raisin et Pierre Leroux, composant la commission municipale de ce lieu: « Ce jourd'hui deux ger« minal an deux de la République française, « nous membres composant la commission muni« cipale des Moitiers ayant appris que dans dif« rente commune on avait volé dans les église « des meubles en argenteries qui servais à l'e« xercice du culte et les considérant comme « propriété nationalle avons arrêté que les dits « meuble existants dans celle de notre ditte com« mune serais portés au Directoire du District « de Carantan dans le plus bref délai et ne re« connaissons d'autre Culte que celui de la Rai« son. En conséquence, arrêtons et déclarons que « l'église de cette commune portera à l'avenir « le nom de temple de la Raison, point central « de réunion de tous les bons citoyens qui aime « à s'instruire des loix de leur pays. Fait et « arrêté en séance publique ces dits jours et an « que dessus. » (Suivent les signatures).

Deux jours après, le 4 germinal, le citoyen Luce

porta à Carentan 2 calices avec leurs paténes, un soleil, un ciboire et une custode, le tout en argent, pesant 12 marcs, 7 onces, 4 gros. — (3 kilog. 304 gram. 09 décig. ; soit un peu plus de 6 livres 1/2) — provenant de l'église des Moitiers. Le reçu de l'agent national est signé Hellouin.

Plustard, le culte de la Raison fut remplacé par celui de l'*Être Suprême*, inventé par Robespierre, sous l'inspiration de l'illuminée Catherine Théot, de Barenton, de cette visionnaire qui se faisait appeler la mère de Dieu, et qui joua un rôle de prophetesse à Paris, pendant la Terreur. L'assemblée nationale avait déclaré les biens du clergé acquis à la Nation ; elle avait licencié toutes les communautés d'hommes et de femmes; elle avait remplacé les curés orthodoxes par des curés *constitutionnels*; le repos de la *décade* remplaça celui du dimanche; le mariage des ecclésiastiques fut autorisé; les curés *assermentés* eux-mêmes, furent dépouillés de leurs cures, les autres furent massacrés, s'exilèrent ou se cachèrent dans les bois. On ferma les églises ou plutôt elles furent transformées en salles de clubs; la chaire servit de tribune pour lire les lois, les statues des saints furent brisées; et le mot *saint* lui-même fut supprimé des noms propres de lieu et d'homme.

A cette époque, toutes les fois qu'il s'agissait

de délibérer sur une affaire publique, intéressant les communs habitants, on trouve toujours les citoyens assemblés dans l'église. Ainsi le 21 juin 1793, eut lieu dans le chœur de l'église le tirage au sort des 18 hommes requis pour l'armée des côtes de Cherbourg. Le 18 août suivant, 261 habitants s'assemblèrent aussi dans le chœur de l'église pour délibérer sur le mode de dépouille des biens communaux pendant l'année suivante.

VII.— CHAPELLE SAINT-MARTIN.

Sur le chemin qui conduit au village du Feugueray se trouve une chapelle domestique dédiée à Saint-Martin, et que, pour cela, on désigne vulgairement sous le nom de *Chapelle St-Martin*. Elle a été construite vers la fin du XVIIe siècle par les membres de la famille Le Danois, dont l'un prenait le titre de *sieur de St-Martin*, et les autres de *sieur de la Délanderie*, et *sieur de la Meslinerie*. Cette chapelle édifiée sur un terrain faisant partie de la terre de la *Meslinerie*, appartient évidemment au propriétaire de cette terre, sauf les droits que les acquéreurs des sieurs de St-Martin et de la Délanderie pourraient revendiquer en vertu de titres authentiques.

Cette chapelle a été longtemps employée à des

usages domestiques; et l'on raconte qu'un bon jour, le fermier de la Meslinerie donna l'ordre à son berger d'y loger ses moutons. Le lendemain matin, lorsque le berger revint, il fut très-étonné et même effrayé de trouver un des moutons à califourchon sur l'une des poutres qui soutiennent la toiture de l'édifice. Il courut avertir; on descendit le mouton; et, à partir de ce moment, le fermier n'ôsa plus y introduire d'animaux domestiques. Elle a été longtemps abandonnée; et ce n'est que, à partir de 1872, que M. Levavasseur, propriétaire actuel de la Meslinerie, en a entrepris la restauration; mais elle n'est pas encore rendue au Culte. Les fiévreux vont y invoquer St-Martin.

VIII. — Curés des Moitiers.

Voici la liste des curés des Moitiers la plus complète qu'il m'a été possible d'établir:

Jehan de Pierrepont........ De 1428 à 1461.

....

Marin Le Vast............. De 1633 à 1635.

Enguerrand Poullain......... De 1635 à 1668.

....

François Frémin........... De 1671 à 1678.

....

Louis Follet sieur de Provôt. De 1683 à 1723.
Louis-Bernard Le Cauf...... De 1723 à 1728.
....
Jean-Baptiste Tison........ De 1730 à 1753.
Jean-Baptiste Guillard...... De 1753 à 1785.
....
Louis-Etienne-François Germain.................... De 1787 à 1791.
Louis-François Le Danois (curé constitutionnel),... De 1791 à 1802.
Louis-Etienne-François Germain susnommé......... De 1802 à 1812.
Pierre-Eloi Le Blond....... De 1812 à 1826.
Pierre Meslin.............. De 1826 à 1853.
Bon-Jean-Michel-Lemarquand. De 1853 à 1862.
Auguste-Emile Boscher..... De 1862 à .....

IX. — Notes sur quelques curés.

1° *Enguerrand Poullain.* — Le curé Enguerrand Poullain était natif de St-Nicolas de Coutances. Il est décédé aux Moitiers, le 28 juillet 1668, et inhumé le lendemain dans l'église en présence de Me Jean-Baptiste Corbet, son proche parent.

2° *Fremin.* — Celui-ci est né à Lingreville. Sa famille est citée comme fort ancienne dans le pays. Il était en même temps, chapelain de Ste Catherine dans la Cathédrale de Coutances et de Notre-Dame-le-Poterel dans l'église de Lingreville. Il a été inhumé dans l'église des Moitiers, le 4 mai 1678, en présence de Isaïe Fremin, sieur de la Franquardière, son parent.

3° *Follet.* — Le curé Follet, sieur de Provôt, était bachelier en théologie et docteur de Sorbonne. Il a été inhumé dans le chœur de l'église le 8 novembre 1723, à l'âge d'environ 85 ans Il avait été curé de la paroisse pendant 40 ans. Son acte d'inhumation porte que pendant ce temps, " il remplit ses fonctions avec beaucoup de louanges et de piété. "

4° *Le Cauf,* — Décédé le 14 août 1728, à l'âge d'environ 45 ans, il a été aussi inhumé dans le chœur, du côté de l'épitre, par Raphael de Chantelou, curé de Varenguebec.

5° *Tison.* — Le curé Tison a été aussi inhumé dans le chœur de l'église, le 22 mars 1757 à l'âge de 68 ans ; mais il n'était plus curé depuis 5 ans.

6° *Guillard.* — Ce fut lui qui fonda l'école actuelle des filles, sous le titre *d'école de charité* et y installa comme *maîtresse d'école* Jeanne-Catherine Lepetit, femme de Thomas Anquetil, âgée de 64 ans. Le curé Guillard était doyen du

Bauptois, ainsi que le fut aussi M. Germain son successeur immédiat. Dans ce temps les fonctions de doyen étaient attachées *à la personne* et non à la cure, de sorte qu'on choisissait souvent comme doyen le curé d'une autre paroisse que celle du chef lieu du doyenné. M. Guillard a été inhumé dans le cimetière le 9 novembre 1785, à l'âge de 66 ans. Il eut pour successeur M. Germain, de Baupte, qui occupa la cure jusqu'à la Révolution.

7° *Le Danois.* — Après le départ de M. Germain pour l'exil, on voit apparaître le curé constitutionnel Le Danois, de Vindefontaine, qui prit possesion de la cure le 25 juin 1791. Son custos fut *Jean-François Raisin.* Le 13 janvier 1793, celui-ci se présenta à la maison commune devant les officiers municipaux, pour y prêter le Serment prescrit par la loi du 15 août 1792. — Jean Couillard, décédé le 4 février 1793, fut inhumé par le curé Le Danois, mais il ne voulut pas l'entrer dans l'église, ni chanter l'office ordinaire, ni même permettre qu'on sonnât pour lui parce qu'il était aristocrate. Le 9 du même mois, le conseil général de la commune s'assembla pour protester contre ce refus arbitraire et infliger un blâme au *citoyen curé*.

8° *Germain et Le Blond.* — A la suite du

concordat M. Germain rentra en France, et se rendit immédiatement dans son ancienne paroisse où il reprit aussitôt l'exercice de ses fonctions. Il n'en fut solennellement remis en possession que le 19 pluviôse an XII (9 février 1804). Il gouverna la paroisse jusqu'à sa mort, arrivée le 6 décembre 1812, à l'âge de 74 ans. Il fut remplacé par M. Le Blond, décédé dans la maison de Madame Loquet, le 4 avril 1826, âgé de 52 ans. L'un et l'autre sont inhumés dans le cimetière.

9° *Boscher*. — Le 6 Janvier 1862, le curé Lemarquand fut remplacé par M. Boscher, curé actuel, né à Villedieu, en 1821, et ordonné prêtre à Coutances, en 1845. Il joint à une piété intelligente une instruction variée et un esprit éclairé.

X. — Le cimetière.

Le cimetière entoure l'église. Il n'offre rien de remarquable, si ce n'est un de ces *ifs* énormes et antiques, qui semblent destinés à survivre à toutes les générations. Sa circonférence est d'environ 8 mètres à sa base. Cet arbre gigantesque, aussi curieux, pour le naturaliste que pour l'antiquaire, semble être contemporain de l'église.

C'est un usage qui remonte à une haute antiquité que celui de planter des ifs dans les cimetières. La croissance lente et la longue durée de ces arbres sont un symbole qui rappelle l'éternité à ceux qui y entrent.

XI. — Fonctionnaires et employés

1° *Maires.* — C'est le décret du 14 décembre 1789 qui a institué les *maires*. Un édit de 1787 avait créé les municipalités. Les assemblées municipales étaient alors composées du seigneur, du curé, d'un syndic, représentant le maire de nos jours, et de 3, 6 ou 9 membres choisis par la communauté et représentant le conseil municipal actuel. En 1789, le curé et le syndic étaient, dans presque toutes nos paroisses, les principales autorités. Les documents officiels portent la signature de ces deux fonctionnaires. Durant tout le XVIIe siècle, les assemblées des paroissiens se faisaient sous la présidence du curé. Dans la première moitié du XVIIIe, il en était encore généralement de même. En tête des habitants paraît, dès ce temps, le syndic qui porte leurs pouvoirs.

Voici la liste des maires des Moitiers depuis leur institution jusqu'en 1884 :

S. Le Danois, de 1790 à 1791.

Léonor Férey, de 1791 à 1793.

François-Thomas Luce, du 13 mars 1795 au 6 novembre 1796.

Pierre Le Roux, du 9 février 1804 au 24 novembre 1810.

Férey, sus-nommé, du 24 novembre 1810 au 30 décembre 1812.

Charles-François Loquet, du 30 décembre 1812 au 8 septembre 1818.

Pierre Dufour, du 17 avril 1819 au 27 novembre 1831.

François Patrix, du 27 novembre 1831 au 20 septembre 1840.

Jean-Paul Hasley, du 20 septembre 1840 au 10 avril 1841.

Marcel Le Sage, du 10 avril 1841 au 19 juillet 1847.

Jean Raisin, du 19 juillet 1847 au 19 août 1848.

Le Sage, sus-nommé, du 19 août 1848 au 30 janvier 1850.

Jean Rabé, du 30 janvier 1850 au 13 juin 1859.

Edmond-Gabriel du Mesnildot, du 14 août 1860 au 24 septembre 1865.

Jean Anquetil, fils Joseph, du 24 septembre 1865 au 22 juin 1871.

François André, du 22 juin 1871 au...........

NOTE. — Par arrêté du 18 décembre 1792, le représentant du peuple *Le Carpentier*, suspendit la municipalité des Moitiers pour *défaut de patriotisme*, et la remplaça par une commission composée des citoyens Jean Raisin, François-Thomas Luce et Pierre Leroux. Cette commission fonctionna jusqu'au 13 mars 1795, époque où elle fut remplacée par l'un de ses membres, le citoyen Luce, qui fut nommé maire.

2° *Gardes-champêtres.* — Les gardes-champêtres ont été institués par la loi du 8 juillet 1795. Avant cette institution, on trouve aux Moitiers, sous le titre de *garde-pâtre*, en 1773, d'abord Jean-Anquetil, puis un nommé Legauffey, qui fut remplacé, en 1782, par Jacques Roublot. Il lui était alloué, pour lui tenir lieu de traitement, *deux sols* par bête à cornes et autant par cheval mis à pâturer dans les marais — Le 10 floréal an II, (29 avril 1794.) Pierre Anquetil, fils Jean et Joseph Malassis, fils François, furent nommés *gardes des marais.* Ils étaient tenus de la marque et de la surveillance des bestiaux, et recevaient *un sol* par animal, plus *20 sols* pour chaque animal trouvé *pour la première fois sans marque* dans les marais ; et *deux livres* en cas de récidive.

Voici la liste des gardes-champêtres jusqu'en 1884 :

Georges Malassis, du 17 décembre 1800 au 20 mars 1803 ;

Robert Anquetil, du 13 février 1805 au 20 mars 1811;

Jacques Anquetil, du 20 mars 1811 au 15 août 1815 ;

Jean Cottin, dit le Jeu, du 15 août 1815 au 4 avril 1832;

Barthelemi Hasley, du 4 avril 1832 au 19 avril 1843 ;

Jean Dorglandes, du 19 avril 1843 au 26 février 1862 ;

Louis Patrix, fils Louis, du 26 février 1862 au........

3° *Instituteurs.* — Avant 1750, les écoles rurales, dans notre contrée, étaient tenues par les curés ou par les vicaires. A partir de cette époque, des *maîtres d'école* laïques se trouvent dans un grand nombre de paroisses. Voici pour Les Moitiers, la liste de ceux de ces maîtres dont j'ai pu retrouver le nom :

Jean-François Martin, de 1750 à 1754.

N.....,

Jean Alexandre, de 1788 à 1791.

N.... Lereverend, N.... Lemoigne, de 1798 à 1817.

Jean Vignet, de 1817 à 1838.

N.... Deshayes, de 1838 à 1840.

Louis Leluan, de 1840 à 1850.

N... Sauvage, Auguste Erard, Auguste Duval, de 1850 au 1er septembre 1854.

Nicolas Mauger, du 1er septembre 1854 au 1er septembre 1882.

Auguste Enquebecq, du 1er septembre 1882 au ....

Note. — L'école actuelle des garçons a été construite, en 1872-1873, par Jacques-Paulin Menant, de Turqueville. Elle a coûté 11642 fr. 53 cent. La première pierre a été posée par Fr. André, maire, le 5 juin 1872 ; et l'instituteur Mauger y est entré le 6 octobre 1873.

4° *Institutrices.* — L'école des filles telle qu'elle existe aujourd'hui, a été fondée par le curé Guillard, en 1784, sous le titre *d'école de charité.* Avant cette époque, on ne trouve aucune trace d'école de filles dans la paroisse. Par acte sous signatures privées, en date du 6 août de cette année, passé *avec le consentement des paroissiens* M. Guillard y installa comme *maîtresse d'école*, Jeanne-Catherine Le Petit, femme de Thomas Anquetil, des Moitiers, et alors âgée de 64 ans.

Voici la liste des institutrices jusqu'en 1884:

Jeanne-Catherine Le Petit, de 1784 à 1803.

Jeanne-Elisabeth Luce, de 1803 à 1833.

Désirée Le Mesle (Mad^e^ St Dominique), de 1833 à 1842.

N......., (Sœur Barnabé, de 1842 à 1844.

N.........., de 1844 à 1846.

N..... Le Pelley, (Sœur Maurice), de 1846 à 1852.

Marie Mottin, (Sœur Arsène), de 1852 à 1880.

Léonie-Joséphine Le Coq, (Sœur Marie-Christine), du 1er septembre 1880 au 8 avril 1882.

Héloïse-Hortense Roblot, du 8 avril 1882 au....

XII. — Légendes locales.

1° *Les sorciers et le sabbat.* — Tout le monde sait que l'on appelait (et qu'on appelle encore) *sorcier* celui qu'on prétendait s'être livré au diable et avoir fait un pacte avec lui pour opérer des prodiges et des maléfices.

La méthode pour *faire un sorcier* n'est pas aussi bien connue que celle indiquée par la *Cuisinière Bourgeoise* pour faire un civet. Cependant, on croit généralement qu'il suffit de savoir lire dans le *Grimoire*, afin d'évoquer Satan, avec lequel *on fait un marché*. Il vous donne pouvoir sur toutes choses, et vous lui donnez en retour votre âme. Une fois sorcier, tout vous obéit ! Vous pouvez guérir les maladies, jeter des sorts, découvrir même des trésors, comme l'assurent tous les nécromanciens en haillons qui se promènent dans les foires et marchés de nos campagnes. Les sorciers savent vos actions les plus secrètes ; ils peuvent à volonté envoyer des rats dans votre maison, traire vos vaches sans que vous vous en aperceviez. Ils jettent de malignes influences sur les troupeaux ; ils font maigrir vos chevaux et mourir vos vaches ; ils ont le pouvoir de détruire les moissons, d'exciter des tempêtes et des orages, de corrompre l'air, d'empoisonner les eaux et de faire naître de cruelles épizooties, etc., etc.

Au siècle dernier, cette croyance était encore générale, et les habitants des campagnes, toujours amateurs du merveilleux, partageaient presque tous ces idées superstitieuses. On n'entendait parler que de magie, de maléfices, de sortilèges ; partout on attribuait les évènements les plus ordinaires à des causes surnaturelles. Ce fut alors que se propagea la superstitieuse croyance au *sabbat*, c'est-à-dire aux assemblées nocturnes qui se tenaient principalement aux fêtes les plus solennelles, sous la présidence de Satan, dans de vastes campagnes, ou dans des forêts sombres et écartées. Les sorciers s'y rendaient, disait-on, à travers les airs, montés sur un bouc, sur un chien sans tête, ou sur un manche à balai. Les uns sortaient par la cheminée en mettant le pied sur la crémaillère, frottés préalablement d'une drogue infernale dont ils oignaient tout leur corps ; d'autres sortaient par la fenêtre; plusieurs même passaient par la serrure de leur porte. Arrivés aù lieu du rendez-vous, le sabbat commençait par un festin magnifique, où le diable présidait sous la forme d'un bouc, d'un chien ou d'un chat noir, ou sous celle d'un cheval à tête de loup, ou d'un loup à tête de cheval. Après le repas, composé de mets insipides et de liquides sans saveur, le tout de nature à soulever le cœur, le président se mettait à pérorer dans un idiôme qui n'appartenait à aucune langue humaine. Ensuite, tous les sorciers se levaient pour danser au son d'instruments bizarres ; et au bruit de cette horrible musique, chacun se dépouillait de ses vêtements, puis sorciers et sorcières se confondaient honteusement, en se livrant à de sacrilèges horreurs que la plume se refuse à décrire. Quand ils étaient exténués, ils acclamaient Satan ; chacun d'eux allait, avec une chandelle en main qui rendait une lueur bleue, baiser le gros diable en forme d'homme habillé de noir, et le remercier de la fête qu'il venait de leur donner.

Pendant les XVIe et XVIIe siècle, les archives départementales de la Manche mentionnent divers lieux voisins qui ont joué un rôle important dans les poursuites juridiques exercées contre les sorciers ; tels sont, par exemple, les bois de Limors, d'Etanclin et de la Haye-du-Puits. On a conservé dans toute la contrée le souvenir d'un fameux procès qui fut instruit dans le cours du XVIIe siècle, à la haute justice de la Haye-du-Puits et au baillage de Carentan, contre les sorciers qui tenaient leurs réunions dans les bois qui viennent d'être indiqués. Le baillage de Carentan en condamna 34 à mort et 4 d'entre eux allaient être exécutés quand des lettres du roi vinrent commuer leur peine et ordonner, quant aux autres, de surseoir jusqu'à la réception de nouveaux ordres. Ainsi, grâce à l'esprit éclairé de Louis XIV ; ces sorciers eurent la vie sauve ; et ainsi cessèrent ces rigueurs qui n'avaient plus cours qu'en Normandie. Mais la croyance aux sorciers n'en continua pas moins de subsister ; et il n'est pas rare de rencontrer encore aujourd'hui des imaginations assez superstitieuses et assez naïves pour y ajouter une certaine crédibilité.

. 2° *Loups-garous.* — On donnait autrefois le nom de *loup-garou* (du français *loup* et du celtique *garo* féroce), dans nos campagnes, à un esprit malin très dangereux, où à un *sorcier* travesti en loup, qui était censé courir les champs pendant la nuit. L'idée superstitieuse que les sorciers pouvaient adopter telle figure, prendre telle forme qu'il leur plaisait, et, par conséquent, *se changer en loups*, puis reprendre ensuite leur forme ordinaire est très-ancienne, aussi bien que celle de croire que lorsqu'un sorcier avait fait un pacte avec le diable, il était tenu de l'exécuter entout point, sans pouvoir s'y soustraire.

A ce sujet, on raconte qu'un individu ayant la réputation d'avoir fait un pacte de cette nature était tenu d'aller chaque nuit, à des heures et à des intervalles convenus, courir les rues et les champs sous la forme d'un loup; ce qu'on appelait vulgairement *courir le varouage*.

Plusieurs personnes s'étant apperçues que cet homme s'absentait chaque soir, à la même heure, sans faire connaître le motif de son absence, résolurent un bon soir de le retenir malgré lui. Peu de temps après le moment où il devait partir, le diable apparut, sous une forme hideuse, et armé d'un fouet, avec lequel il frappait à outrance le retardataire involontaire, en lui faisant pousser des hurlements affreux. Alors, personne ne songea plus à le retenir et le laissa aller en compagnie de celui qui venait ainsi le rappeler à l'exécution de ses engagements. Je donne cette légende que j'ai entendu répéter bien des fois, pour ce qu'elle vaut; mais je n'engage aucun lecteur à y ajouter foi.

3° *Fées, Dames Blanches et Mireloraines* — Les fées (du latin *fata*, destin), suivant nos légendes locales, étaient des êtres fantastiques à qui l'on attribuait un pouvoir surnaturel, une très-grande influence sur la destinée et la connaissance de l'avenir. Dans l'imagination populaire, on se représente les fées, tantôt sous la forme d'une femme jeune, belle, couverte d'habits magnifiques; tantôt comme une vieille ridée et couverte de haillons. Elles sont toujours armées d'une baguette magique, instrument de leur puissance surnaturelle. Les légendes du bon vieux temps leur attribuent une puissance sans bornes : par la seule vertu de leur baguette, elles pouvaient opérer les prodiges les plus merveilleux, les transformations et les métamorphoses les plus extraordinaires. Suivant ces mêmes légendes, qui ne sont pas encore entièrement oubliées dans la contrée, nos bonnes fées se retiraient pendant le jour dans des cavernes d'où elles ne sortaient que *vers minuit* pour aller *laver leur linge* à la fontaine que chacune d'elle avait choisie. On connaît encore aujourd'hui plusieurs endroits qui se rattachent à ce souvenir. Ainsi qui n'a entendu ces noms légendaires de *Trou aux Fées*, *Caverne de la Fée*, *Fontaine aux Fées*, *Puits aux Fées*, *Pierre aux Fées*, etc. La fontaine et le puits ne donnaient d'eau que lorsque la fée protectrice était complètement satisfaite; mais si un audacieux ôsait douter de sa merveilleuse puissance et de son pouvoir, les eaux tarissaient immédiatement, et pour obtenir qu'elles reprissent leur cours ordinaire, il fallait que l'insolent obtint sa grâce de la fée insultée et méconnue. Pour cela il devait se rendre à l'heure de minuit, à l'endroit même où elle apparaissait, lui faire humblement amende honorable, et reconnaître son pouvoir surnaturel, et aussitôt les eaux reprenaient leur cours habituel.

A la croyance aux fées, se rattache celle des *Dames blanches*, qu'on appelle aussi *Mireloraines*, qui a pris naissance en Allemagne et en Ecosse. C'étaient aussi des êtres surnaturels qui, dans l'ancienne croyance de ces peuples, étaient attachés à la destinée de quelques familles illustres. Quand elles se montraient avec des gants noirs, c'était signe de mort ; les gants blancs étaient un présage de bonheur, et annonçaient soit une naissance, soit un mariage.

Dans notre contrée, on a plus spécialement donné le nom de *Dames blanches* à des êtres malfaisants qui sortaient la nuit de leurs cavernes souterraines pour surprendre les voyageurs égarés, les bergers, les femmes et les enfants. Combien de fois n'a-t-on pas entendu les anciens répéter à satiété que *tel* et *tel* avait vu la dame blanche la Mireloraine se promenant, se gambadant dans

7

l'endroit que la crédulité publique lui assignait comme lieu de ses excursions habituelles ; et plus d'un voyageur attardé a frissonné en passant par ce lieu redouté, craignant de l'y rencontrer. Cette dame blanche, cette mireloraine, n'était assurément, — quand on la voyait — qu'un mauvais plaisant, enveloppé d'un morceau de toile cherchant à effrayer les passants ; et, plus souvent, un malfaiteur qui avait pour but de les éloigner de ce lieu, afin de se procurer par là l'occasion d'exécuter plus facilement quelque larcin, ou toute autre action blâmable qu'il n'aurait jamais ôsé faire *coram populo.*

4° *Gnomes.* — Dans la démonologie moderne, on a donné le nom de *Gnomes* (du grec *gnômôn*, connaisseur, prudent) à des génies que l'on prétend habiter dans le sein de la terre pour en garder les trésors. Ils sont, dit-on, d'une petite stature, dont l'échelle descendante peut aller jusqu'aux proportions les plus minimes ; ils se tiennent dans les fissures métalliques du globe, où, suivant les légendes, *ils ne dorment que d'un œil* c'est-à-dire ne font que sommeiller légèrement auprès des trésors dont la garde leur est confiée.

Les légendes des *gnomes* ont été importées de l'Orient en Europe avec la philosophie pythagoricienne cabalistique, depuis le milieu du XVe siècle au commencement du XVIe.

A ces légendes de gnomes proprement dits, sont venues se mêler d'autres croyances analogues aussi absurdes. Ainsi il y a à peine un demi-siècle, on trouvait encore des gens assez crédules pour croire que le diable, sous la figure d'un homme ordinaire se présentait la nuit — car dans ces légendes tout se fait de nuit, en fuyant toujours la lumière du jour, — dans les lieux isolés, offrant de *l'argent* aux passants, en leur faisant entendre le son de sa prétendue monnaie renfermée dans un vase luisant. Cela n'était absolument qu'une jonglerie semblable à celle des Dames Blanches dont il a été parlé, et le fait d'un mauvais plaisant qui faisait retentir, dans une cruche d'airain le son de quelques morceaux de métal qu'il y avait renfermés. On conserve encore aux Moitiers la mémoire de quelques-uns de ces mauvais drôles. — Enfin on a cru aussi que le diable, sous une forme quelconque, veillait à la garde de certains trésors cachés, et qu'il se laissait voir sous la forme qu'il avait choisie.

Ainsi vers la fin du siècle dernier, au hameau de la *Poterie*, qui faisait alors partie des Moitiers, et dont il a été distrait, en 1812, pour être réuni à Vindefontaine, on dit que le diable sous la forme d'un grand chien, que l'on désignait sous le nom populaire de *Monvallo* se montrait, ostensiblement chaque soir, dans un appartement où travaillaient un assez grand nombre d'ouvriers employés à la fabrication de la poterie. Chacun pouvait le voir pendant toute la veillée; mais si quelque ouvrier voulait prolonger son travail un peu plus loin que l'heure habituelle du repos le chien plaçait sa patte sur la roue du potier, en faisant entendre un grognement qui annonçait son mécontentement; et alors personne n'ôsait résister. Toutefois, si on lui demandait la *permission* de fabriquer encore une ou deux pièces seulement, il retirait sa patte et laissait le potier travailler ; mais il ne fallait pas dépasser le nombre de pièces demandées. Ce que l'on trouve de plus surprenant dans cette légende, c'est que parmi les hommes forts et courageux qui composaient alors ce hameau, au nombre d'au moins 30 à 40, aucun n'a jamais ôsé toucher ce chien, que l'on regardait comme un messager de l'enfer préposé à la garde de quelque trésor caché dans le lieu même où il apparaissait. A un moment donné, suivant la même légende, la cheminée de cet appartement s'étant écroulée de vétusté, le chien disparut aussitôt. En enlevant les décombres, on trouva une certaine somme d'argent; et cette trouvaille, jointe à la disparition subite du chien, confirma de plus belle les opinions que le vulgaire avait conçues sur cet animal mystérieux; et dès lors aucun doute ne devenait possible sur l'objet de sa mission.

5° *Farfadets, Lutins, Esprits follets.* — Dans les croyances de certains peuples de l'Asie et de l'Afrique, un *farfadet* était simplement un *esprit follet*, c'est-à-dire une sorte de petit *lutin* familier, que l'on désignait en Normandie et en Basse-Bretagne sous le nom vulgaire de *gobelin* ou *goubelin* et qui, suivant la légende, était plus malin que malfaisant; il aimait à taquiner, à tourmenter, mais sans jamais faire aucun mal. Cette croyance s'est répandue en France principalement dans les deux contrées que je viens de citer, et elle n'est pas encore entièrement oubliée. Cette flamme qui s'élève des endroits marécageux, des cimetières, et qui est produite par les émanations du gaz hydrogène phosphoré et qu'on désigne sous le nom de *feu follet*, a souvent effrayé plus d'un voyageur attardé. Suivant une vieille légende commune à toute la contrée quand vous appercevez un de ces feux follets, promettez-lui *2 liards*, et il vous suivra en vous éclairant, jusqu'à votre destination. Quand vous serez arrivé, vous placerez les 2 liards sur le seuil de la porte où il les prendra. Si vous manquiez à l'accomplissement de votre promesse, il vous éclairerait et tourmenterait toute la nuit et reviendrait les nuits suivantes jusqu'à l'acquittement de votre promesse. En plein XIXe siècle cette légende trouve encore des adeptes auprès de certains esprits faibles chez lesquels les idées les plus absurdes et les plus superstitieuses n'ont pu encore être déracinées.

6° *Revenants.* — Après avoir énuméré la plupart des anciennes croyances populaires locales je ne saurais passer sous silence la croyance aux *revenants*, aussi accréditée que les précédentes, car les erreurs et les sottises ont pour ainsi dire fait le tour du globe, et se sont assises en souveraines sur le trône de l'univers. Chacun sait que l'on donne le nom de *revenant* à un mort qui revient de l'autre monde, soit dans le but d'annoncer quelque fâcheuse nouvelle de reclamer, l'exécution de quelque volonté dernière ou simplement d'effrayer les vivants. Toutes ces croyances, aussi erronées l'une que l'autre, ne laissent pas cependant de rencontrer encore des adeptes, Ainsi aux Moitiers on prétend que le curé *Le Blond*, mort à la fin de 1812 aurait été entendu chantant, dans le chœur de l'église le jour de son inhumation suivant les uns ; le jour du service huitaine, suivant les autres; et que sa voix aurait été parfaitement reconnue. On assure même qu'un jeune prêtre se serait dirigé vers le lieu d'où semblait partir la voix, et qu'il n'y trouva personne.

Combien de fois aussi n'a-t-on pas entendu dire que lorsqu'un prêtre mourait avant d'avoir pu acquitter toutes les messes pour lesquelles il avait reçu l'honoraire, il *revenait* après sa mort se presentait la nuit au pied de l'autel dans l'église où ces messes devaient être acquittées et revêtu des ornements sacerdotaux attendant un *répondant*. On ajoutait même que s'il se trouvait quelqu'un assez hardi pour se présenter, il était assuré de mourir dans l'année.

7° *Noueurs d'aiguillettes.* — Nouer l'aiguillette suivant l'idée superstitieuse qu'on y attachait jadis dans la contrée, signifiait faire un prétendu maléfice, auquel les gens ignorants attribuaient le pouvoir d'empêcher la consommation du mariage.

Il se pratiquait en dehors de l'église, juste au moment où les époux se faisaient devant le prêtre, la promesse solennelle de se prendre pour mari et pour femme. Pour empêcher l'éxécution de ce maléfice, un parent ou un ami des parties veillait constamment autour de l'église, afin de s'assurer que personne n'en approchait. Plusieurs personnes d'un âge avancé assurent avoir vu ces superstitions jouir encore d'une très grande vogue et ne craignent pas d'affirmer que la très grande majorité y croyait fermement.

8° *Chasse Hennequin.* — On donne le nom de chasse Hennequin, chasse Caïn, chasse Arthur ou Artus, chasse Saint-Hubert, chasse du diable, à une prétendue chasse aérienne, qui arrive toujours pendant la nuit et qu'on attribue à une troupe de prétendus esprits infernaux qui traversent les airs en jetant des cris aigres et prolongés. La mère Harpine est le chef de la bande redoutable. Cette bande n'est autre que des oiseaux de passage, qui traversent les airs en nombreux et bruyants bataillons, et dont il n'y a rien à redouter.

XIII. — Caractère des habitants des Moitiers.

Dans quelques communes voisines, on a donné aux habitants des Moitiers le sobriquet de *Bretons* sans doute, par allusion aux vieilles superstitions des habitants de l'Armorique, qui, au siècle dernier, dans leur naïve simplicité, avaient encore l'imagination remplie de ces souvenirs dont je viens de parler, empruntés, pour la plupart, au druidisme, ou importés des nations étrangères. Ce sobriquet est une raillerie malicieuse, inventée par un esprit de critique, que rien ne justifie, et dans le but d'en faire le jouet de ceux qui en étaient les auteurs. Je n'ai pas la prétention de faire ici l'apologie des habitants des Moitiers; et, tout en admettant leur part de croyance plus ou moins sérieuse, aux légendes dont j'ai parlé, je crois cependant pouvoir dire que cette commune n'est pas la seule où ces rêveries eussent une certaine vogue; et peut-être quelques uns de leurs détracteurs étaient plus imbus qu'eux des mêmes rêveries?

Enfin à l'occasion de ce nom de *Bretons* dont nous venons de parler, je terminerai ce chapitre déjà trop long par une petite anecdote qui ne saurait manquer d'intérêt. Dans une réunion qui a eu lieu aux Moitiers à une époque assez récente mais dont il importe peu de préciser la date, un certain personnage, étranger à la localité mais qui, par son rang et sa position, se croyait un peu au-dessus du commun des martyrs, ne craignait pas de dire : « *Ces Bretons sont tous* » *des ânes*; ils ne sont bons qu'à *manger du* » *foin*, il faut leur en apporter une *botte* pour » leur souper. » (Ceci se passait l'après-midi). Aussitôt un des motelains présents à la réception de cette insulte, dit à l'impertinent qui osait tenir ce langage: « Faites ajouter une botte *pour vous* » et nous souperons ensemble. »

XIV. — Faits locaux relatifs a la Révolution de 1789.

1° *Armée* — Par décrets de la Convention nationale des 20 et 22 février 1793, relatifs à l'organisation de l'armée, chaque commune devait fournir son contingent, qui était fixé par les administrateurs du district parmi les hommes de 18 à 40 ans. Le district de Carentan fixa ce nombre à 11 pour Les Moitiers, ce qui parut exagéré ; car on lit dans une délibération du 10 août 1793 : « Cette commune ne compte que environ 50 hommes de l'âge indiqué, tandis que dans plusieurs « communes voisines, il s'en trouve plus de 200, « et on n'en demande que 10 ; pourquoi aucuns « ne veulent s'en aller de bonne volonté. » Sur ce refus de volontaires, on procéda au scrutin le 28 mars. Le sort désigna presque tous domestiques étrangers à la commune. Dans le courant de la même année, une levée de 4971 hommes fut faite dans le département de la Manche pour *l'armée des côtes de Cherbourg* ; et la commune des Moitiers devait fournir 18 hommes pour son contingent. Le 21 juin eut lieu dans le chœur de l'église le tirage au sort de ces 18 hommes. Parmi ceux que le sort désigna, plusieurs furent réformés à Carentan et remplacés le 7 juillet suivant.

2° *Réquisitions* — A cette époque de 1793, les réquisitions de toute sorte venaient jeter la perturbation au milieu des populations consternées. La commune des Moitiers fut alors requise de faire les fournitures suivantes :

Froment............	471	quintaux
Orge...............	2 1/2	—
Avoine.............	80	—
Foin...............	100	—
Paille.............	100	—
Farine.............	30	—
Draps..............	28	—
Lits...............	14	—
Chevaux............	2	—

Le 6 ventôse an II (24 février 1794), le citoyen Jean-André-Gabriel Lepetit, nommé commissaire par le Directoire du District de Carentan, se transporta aux Moitiers pour presser la municipalité de fournir le complément de ses réquisitions et déclara rester en permanence dans la commune, aux frais des officiers municipaux, jusqu'à ce qu'ils eussent obtenu une quittance libératoire du complément de fournitures. Malgré cela, il resta encore quelques récalcitrants ; et le 3 germinal, le Directoire prît un arrêté, portant que « toutes « les réquisitions faites seront fournies sur le champ sous peine de détention des culivateurs en retard ». Il fallut alors s'exécuter.

Un arrêté du même Directoire du 8 floréal an III (27 avril 1793), obligea la commune de Saint-Sauveur-de-Pierrepont à fournir 24 quintaux 63 livres d'orge pour l'ensemencement des terres des Moitiers ; et le 18 du même mois, Georges Malassis fut désigné pour prendre livraison de cette fourniture. — Quelques jours plus tard, Jean Bernard et Nicolas Legalcher, se présentèrent en vertu d'un arrêté de ce même Directoire, en date du 13 du même mois à la municipalité des Moitiers, pour réclamer la fourniture de 53 quintaux 39 livres de grains pour la commune d'Amfreville. Le 7 messidor, le maire répondit que la commune des Moitiers ne pouvait fournir ces grains et que les habitants avaient à peine la moitié de ce qu'il leur fallait pour leur subsistance. Et les choses en restèrent là !

3° *Confiscation.* — En 1793, les habitants furent mis en demeure de déclarer ce qu'ils possédaient de grains. Marie Roublot n'ayant pas fait la déclaration prescrite, et en vertu d'un jugement rendu contre elle, par le juge de paix du canton de Picauville (dont Les Moitiers faisaient alors partie), le 5 messidor, les commissaires municipaux vendirent pour *73 livres 15 sols de grains* trouvés chez elle. La moitié de cette somme fut remise au citoyen Caillemer, gendarme national à Carentan, qui avait découvert la fraude, et l'autre moitié fut distribuée aux pauvres des Moitiers.

4° *Comité de surveillance. — Agent national.* — Le 14 avril 1793, le conseil général des Moitiers, assemblé en vertu d'un décret de la convention nationale du 25 février précédent, nomma *Guillaume de Rouesnier* et Louis Patrix, fils Thomas, pour composer le *Comité de Surveillance, à l'effet de rechercher et arrêter tous émigrés réfractaires* qui pourraient se trouver dans la commune. — Le 26 mai suivant, le citoyen de Rouesnier fut remplacé par Jean Hasley, fils Charles. — Le 30 nivôse, an II, (19 février 1794), Joseph Malassis fut nommé, par les habitants, réunis dans l'église, *agent national*, pour surveiller l'éxécution des lois, et en rendre compte à l'administration du District de Carentan, tous les jours de décade. (*Archives locales.*)

XV. — Faits relatifs a la guerre de 1870-1871.

Il n'est personne qui ait oublié ces jours néfastes qui ont suivi le 4 septembre 1870; et il serait superflu de retracer ici les lugubres souvenirs de cette époque. Je me bornerai donc à la narration pure et simple des principaux faits qui peuvent se rattacher à la commune des Moitiers.

Du 20 septembre 1870 au 2 avril 1871, de nombreuses requisitions furent adressées aux travailleurs, ainsi qu'aux possesseurs de voitures, pour travailler aux batteries de Pont-Labbé, et pour faire divers transports de la gare de Chef-du-Pont à Catteville, à la Sangsurière, à Denneville, à Portbail, etc.

Le 9 décembre 1870, le maire des Moitiers reçut du lieutenant de vaisseau, commandant à Pont-l'Abbé, la lettre suivante: « D'après les » ordres que j'ai reçus du commandant en chef » des lignes de défense, j'ai l'honneur de » vous prier de prévenir tous les travailleurs » de votre commune qu'ils doivent être prêts, » avec tous les outils nécessaires, à se porter » en masse à la chaussée de Pont-Labbé pour » la couper; et qu'ils doivent être prêts en outre » à abattre tous les arbres et toutes les haies » de votre commune qui pourraient gêner le tir » des pièces de Pont-l'Abbé ou offrir un abri à » l'ennemi. Je compte donc sur vous, pour qu'il » n'y ait aucun retard, si je vous envoyais les » sus-dites requisitions. »

Le 18 du même mois, il reçut notification de la dépêche suivante: « Commandant en chef des

» lignes de défense aux maires des communes
» situées dans les arrondissements de Saint-Lo
» Valognes et Coutances. Par ordre du vice-
» amiral, commandant supérieur, je vous informe
» que l'inondation des marais, par l'écluse de la
» Barquette, aura lieu mardi prochain, 20 cou-
» rant, au lever du soleil. Prévenez, par tous
» les moyens possibles, les populations de vos
» communes. et invitez-les à faire rentrer le bétail
» au nord de la ligne, c'est-à-dire dans les
» cantons de Saint-Sauveur et de Sainte-Mère-
» Eglise. » Signé : Aube.

APPENDICE.

I. — NOTES ÉTYMOLOGIQUES SUR LES PRINCIPAUX NOMS DE LIEUX DES MOITIERS.

1° *Le Bosq*. — Ce nom indique un hameau près des bois. On le retrouve dans l'Allemand *bosch*, et dans l'italien *bochetto*, bosquet, petit bois.

2° Le *clos Verdier*. — Synonyme de *verger clos*. Du latin *viridarium* d'où le français verger, *viridis*.

3° *La Cotellerie*. — Hameau fondé par Cotelle La désinence *rie* ou *érie arium*, *orium* désigne le lieu, l'endroit, la possession. Cette finale particulière a été ajoutée par nos aïeux, au moyen âge, à leur nom de famille, pour être appliquée à leurs domaines. La même désinence se retrouve dans divers noms de lieux, tels que la *Provôterie* demeure de le Provôt; la *Duvallerie*, demeure de Duval; la *Dorglanderie*, domaine des Dorglandes; la *Meslinerie*, domaine de Meslin; la *Quenauderie*, domaine ou hameau fondé par Quenaud, etc.

4° *Le Tocquet ou l'Etoquet*. — Vient de l'Italien *stocca*; de l'Allemand *stocco*; qui signifie tronc, souche, bâton; propriété, lieu près d'une ancienne forêt.

5° *Le Feugueray*. — (*Filicaria* ou *Fulgaria*). — Indique un lieu où se trouvait jadis des fougères en abondance.

6° *La Juganvillerie ou Giganvillerie*. — Ce nom se compose de deux mots *Jugan*, *Gigan*, ou *Legigan*, et de *villerie*, *villeria*. Le premier est un nom propre: c'est sans doute celui du premier possesseur; le second, *Villerie*, signifie ferme, métairie. Ainsi le nom de cette terre doit signifier la ferme, la métairie de Jugan, Gigan ou Legigan,

6° *Longueraque*. — Sig. longue mare, longue fosse. Ce petit hameau doit son nom à une *raque*, c'est-à-dire à une fosse ou une mare pleine d'eau bourbeuse qui, autrefois, le côtoyait et avait plusieurs perches de longueur,

7° *La Morinvillerie.* — Composé des deux mots *Morin* et *Villerie.* Morin est évidemment un nom propre; c'est sans doute celui du fondateur de ce petit hameau. Villerie, ainsi qu'on l'a déjà vu, sig. ferme, métairie. Aussi ce nom doit signifier la ferme, la métairie de Morin.

8° *Le Perroux.* — Vient du latin *petrosus*, qui sig. un endroit pierreux.

9° *Le Pont Loques.* — Sig. pont des oies.

10° *Le Port* au *Port Hasley.* — Tire son nom du petit port, *portus*, qu'on y voit encore aujourd'hui, et son affixe ou surnom lui vient, sans doute, de ce qu'il a été construit par un Hasley. Ce petit port existe depuis fort longtemps. On lit, en effet, dans un acte du 14 juin 1524 que « depuis long- » temps il existe de petits ports, où arrivent les » petits bateaux, le long des cours d'eau qui partent » de la rivière de l'Ouve et traversent les marais du » Bauptois. » dont ceux des Moitiers faisaient autrefois partie.

11° *Le Ronceray.* — Ce nom vient de l'italien *ronca*, du latin *runcina*, qui sig. ronceraie, c'est-à-dire un lieu jadis planté de ronces.

12° *Le Valbesnot* ou *Val-Besnot.* — C'est le

val possédé ou habité d'abord par *Besnot*, nom tiré des langues germaniques et analogue à *Besnout Bunout*, etc., qui viennent de *Bernolf*, *Burnolf*, dont on a fait Burnouf, nom d'une ancienne famille des Moitiers, dont l'un des ancêtres a, sans doute, fondé ce hameau. Burnouf fut une forme du vieux nom germanique ; *Brunulf*, qui sig. loup brun, ou, brun loup. On le trouve dès 774.

13° *Viverot*. — Du latin *vivarium*, qui sig. vivier ou petit étang. Le vieux français avait *viveron* dans ce sens.

Observation. — D'après ce qui vient d'être dit, l'origine des hameaux et des divers noms de lieux est facile à expliquer. En effet, quand on étudie l'histoire des paroisses, on trouve souvent le père de famille élevant une habitation dans un lieu quelconque, ses enfants venant se grouper à l'entour, forment un hameau auquel on donne naturellement le nom du premier habitant. C'est ainsi qu'il a été dit, qu'un *Duval* a formé la Duvallerie ; un *Cotelle*, la Cotellerie ; un *Provôt*, la Provôterie, etc. D'autres noms de hameaux ou de maisons isolées se tirent de la position où ils sont situés, ou des endroits remarquables près desquels ils se trouvent, tels que l'eau, les arbres, les montagnes, les vallées, les rochers, les plaines, etc. ; tels sont, par exemple, le Feugueray, le Valbesnot, le Bosq, Viverot, Longueraque, etc.

II. NOTES ÉTYMOLOGIQUES SUR LES NOMS DES PRINCIPAUX HABITANTS.

Anquetil. — Dérivé de *Hanquet*, qui signifie Petit-Jean. C'est une abréviation de Haniquet, qui est lui-même un dérivé abrégé de Jehan ou Jean. La désinence *il* semble avoir une valeur diminutive.

Ansot. — Forme du vieux nom germanique *Ansorald*, abrégé en *Ansald*, qui signifie Dieu règne.

De Baupte. — Originaire du lieu appelé Baupte.

Boscher. — 1° Signifie bûcheron, en langue d'oil ; 2° de l'allemand *bosch*, bois, planté d'arbres; ou de l'italien *boschetta*, bosquet, petit bois ; proprement, voisin des bois.

Butel. — Signifie homme brusque.

De Campion. — 1° Forme méridionale de champion, dérivé de Champi, qui signifie enfant abandonné, trouvé dans les champs ; 2° gai, éveillé.

Cappey. — Dérivé de Capet, petite tête, homme léger, tête opiniâtre.

Cotelle. — Signifie lisière d'arbres, côteau, propriétaire qui demeure près d'un côteau.

Cottin. — Abréviation de Jacottin, Jacot, Jacquot, venant de Jacques ; qui signifie il a été par derrière, le dernier.

Couillard. — Dérivé de Nicole, qui est lui-même une abréviation de Nicolas, correspondant à *Collard*, par l'adoucissement de *Col* en *cou* ; proprement, vainqueur du peuple.

Cousin. — Sens actuel.

Crespin. — Du latin, *crispus*, crépu ; qui a les cheveux crépus ou frisés naturellement.

Deslande ou *Delalande.* — Voisins des landes ou de la lande.

Dorey. — Nom faisant allusion à certaines somptuosités de costumes, ou à une grande richesse. Du latin, *aurum* ; proprement, homme riche.

Duchemin, *Dufour*, *Dupont*, *Duval.* — Voisin du chemin, du four, du pont, du val.

Dussaut. — Signifie de la forêt, du défilé.

Enquebec. — Le même que *Ancbec.* Formée du tudesque *anc*, qui signifie *qui permet*, *qui accorde*, et du celtique *bec*, qui signifie une langue de terre un confluent de deux rivières; proprement, terre donnée ou accordée au confluent de deux rivières.

Férey. — Du latin *faber*, *fevrarius*, signifie qui travaille le fer, ouvrier en fer.

Halsey. — 1° Vieux nom scandinave apporté par les normands sur le littoral de la Manche, et venant de *Hal*, nom du paysan norwégien, converti par Thangbrand ; 2° du latin *halatus*, halé, qui a le teint desséché, bruni par le soleil ; — 3° du bas-latin *hala*, branche, c'est-à-dire chaumière faite avec des branchages ; — 4° gardien des halles ; — 5° haleur de bateaux.

Herbot. — Dérivé du latin *herba*, herbe, et désigne des pâturages.

Lagouche. — De *la*, et *gouche*, *gouchet*, *gouchard*, formes picardes de *gousse*, *gousset*, *goussard*, de *gousser*, manger ; — d'où le nom de *goussauts* donné autrefois aux hommes obésits.

Lagueste. — De guetteur, qui signifie sentinelle.

Le Brêne. — 1° Dérivé de *Brenet*, *Brénier*, *Brenot*, formes de Berné ; Bernier, Bernot, qui signifie bœuf brun ; — 2° De *bren*, qui a fait embrener, salir de *bran*, ou de matière fécale ; du celtique *bran*, excrément.

Le Breton. — Forme de *Berton*, du vieux nom germanique *berth*, illustre renommée.

Le Fauve. — Du latin *fulvus*, qui signifie de couleur jaune tirant sur le roux.

Legastelois. — 1° Sans doute de *Gastelier* qui signifie pâtissier, fabricant de gâteaux; *Gastel* ; — 2° Peut-être aussi de *le* et de *gast*, qui signifie désert, ruine, dévastation ; — et très-probablement, *lois*, transcrit pour *bois* ; car Legastebois a un sens déterminé : il signifie dévastateur de bois. On y voit aussi un nom de mauvais ouvrier en bois. Il est donc probable que le nom primitif était *Legastebois*, et non Legastelois.

Legauffey. — 1° Dérivé de *goffe*, qui signifle mal arrangé, grossier; homme lourd, maussade, peu au courant des usages du monde; 2· Peut-être, du breton *gof* qui, signifie, forgeron, maréchal, de *gofel*, forge; d'où le nom *Legoffe*, le maréchal, le forgeron.

Legigan. — Dérivé de *gigue* qui signifie jambe, en langue d'oil. — Dans le centre, *Gigan* veut dire boiteux; — et dans le midi il signifie géant, du latin *gigas*.

Legoupil. — Vient du latin *goulpis*, *vulpis*, qui signifie, renard; proprement homme fin, rusé.

Leprovôt. — Signifie qui rendait la justice en première instance aux roturiers.

Le Sens. — Signifie, pénétrant, spirituel.

Loquet. — 1· De l'ancien français *loc* qui signifie fermer, verrouiller; *loquet*, *loc*, verrou; — Il peut venir aussi de l'anglais, *loch*, serrure; qui sert à fermer. — 3· Forme de Lanquet, qui, dans le midi, signifie oison ou petit de l'oie; 4· Loquet a signifié aussi petit bois.

Lorence. — 1· En langue d'oil, forme dérivée de Laurent, signifie couronne de lauriers. — 2· Synonyme de Laurence, forme féminine de Laurent; — 3· Ce nom peut venir aussi du patois *loriner*, d'origine germanique, qui signifie épier, lorgner.

Luce. — Du latin *lucius*, né à la lumière

du jour; — 2° de *lux*, *lucis*, lumière, clarté, éclat.

Malassis. — 1° Qui ne se tient pas droit; — 2° Maudit.

Marais. — Signifie rivage, terrain bas.

Mauger. — Nom de Saint, Du latin *Madelgarius*; du germain *Madelgar*, signifie orateur-auguste; 2° Du latin *Malgerere*, mal gérer, mal gouverner, mal administrer.

Meslin. — En langue d'oc, signifie jaune blond; — 2° Diminutif de Morel qui signifie bazanné; — 3° De *merle*, sobriquet de tapageur; — 4° Forme de Merlin, qui signifie sorcier, enchanteur.

Mignot. — 1° Signifie grâcieux, joli; 2° enfant gâté.

Mouchel. — En langue d'oil, signifie monceau, tas. Ce nom pourrait avoir le sens de mouchard, espion de police.

Patrix. — Forme de *Patrice* nom de Saint, du latin *patricius*, patricien, noble; dérivé de *pater*, *patris*, père protecteur.

Philippe. — Du grec *philippos*, ami des chevaux; fait de *philos*, ami, et de *hippos*, cheval.

Picot. — En Normandie, ce nom signifie dindon.

Rabé. — En langue d'oc, forme de *rabel* qui signifie enragé; du latin *rabire*.

Rachine. — Synonyme de *rachin*, dérivé de *rache*, rogue ; du latin *rubigo*, rouille, et qui signifie gale invétérée. Il se retrouve dans le vieux nom germanique latinisé *Rocho*, banni, repoussé,

Raisin. — Sens actuel.

Roblot, Roublot. — Dérivé de Robert, qui vient du teutonique *rat* ou *rad*, conseil, et de *bert*, illustre ; propriétaire illustre dans les conseils, grand orateur.

Sorel, Dérivé de *sor*, jaune, enfumé.

Vibert. — Forme du vieux nom germanique *Wibert*, qui signifie combattant renommé.

III. — NOTES ÉTYMOLOGIQUES SUR LES PRINCIPAUX SOBRIQUETS OU SURNOMS.

Bedou. — Signifie gros ventre.

Berlot, Brelot. — 1° Dérivé du radical *berle*, dont le sens est inconnu, mais qui comporte une idée de déréglement ; — 2° peut venir aussi de *Berloquin*, qui signifie louche, bizarre, léger d'esprit ; — 3° Qui se balance.

Bidoque (La). — Forme de *Bidoire*, *Bidouard*, qui pourrait dériver de *Bide*, du vieux nom germanique *Bid*, signifiant qui espère.

Bourot. — Signifie caneton ou petit canard, Il est dérivé de *Bour*, qui a le même sens.

Briche. — Forme de *Brich*, qui signifie tacheté, bizarre. Il signifie aussi mouillé en langue d'oc.

Caillant. — Dérivé de *cail*, qui signifie mélangé de blanc et de noir.

Cambrion. — Dérivé de *Cambriel*, qui signifie éruption de petits boutons.

Cazot. — Signifie petite case, petite maisonnette.

Chapelle (La). — Voisin de la chapelle.

Cillot ou *Sillot.* — Signifie louche.

Clainville. — Nom de lieu, signifie baissé, courbé du côté de la ville.

Denis, *Denisot.* — Signfie fils de Denis.

Etriquier (L'). — Du provençal *estiquit*, qui signifie maigre, étique.

Fortunet. — De *fort*, fortune. Diminutif de fortune, petite fortune, fortune moyenne.

Grand-Maître. — Signifie le plus habile en son art ou en sa profession.

Jardins (des). — Signifie habitant ou voisin des jardins.

Juliennot. — Diminutif de Julien, fils de Julien.

Mahon. — Signifie têtu.

Marbois. — 1° Forme du vieux nom germanique *marabaud* (IVe siècle), qui s'est abrégé en *marbod*, qui signifie illustre, hardi; 2° ou de *malbois*, mauvais bois.

Piou. — Le dernier né, le plus petit d'une couvée.

Picavant. — Signifie qui labour profondèment.

Pot. — De *Philippot*, Philippe.

Sourdillet. — Diminutif de sourd.

Taraby. — Paraît venir de *tarbe*, terrible, qui trouble.

Tampon. — Signifie gros homme (XVIe siècle).

Toupin. — Dérive de *toupiller*, aller et venir sans projet (oil).

Vent d'amont. — Signifie sur la hauteur.

NOTE PREMIÈRE.

Dans les manoirs féodaux on appelait *oubliettes* des cachots souterrains et obscurs où l'on enfermait des prisonniers destinés à périr dans ces horribles lieux, n'ayant pour toute nourriture que du pain et de l'eau. Les anciennes chroniques constatent que chaque abbaye, chaque couvent, avait aussi ses oubliettes où l'on enfermait les moines et les religieuses condamnés à l'*in-pace*. On prétend aussi qu'il existait des puits où on laissait choir les victimes, en les faisant passer sur une forte bascule qui leur faisait manquer la terre et les précipitait au fond. Suivant une ancienne tradition, dont le souvenir n'est pas encore effacé, des souterrains de cette nature auraient existé aux Moitiers, aux lieux appelés, le *Ronceray* et la *Juganvillerie.* — Dans la première moitié de ce siècle, en réparant l'aire d'une des anciennes maisons du manoir féodal de la *Cour*, on trouva à une profondeur de 1 mètre 50 c. environ, de petites cellules souterraines, de 2 à 3 m. de superficie, sur une hauteur moyenne de 1 m. 30 c. au plus. On se perd en conjectures sur l'usage de ces réduits, à moins qu'ils ne fussent destinés à cacher les objets les plus précieux du monastère qui y existait jadis. — Vers 1810, en creusant dans le jardin de cette même maison pour y faire des plantations, on y trouva une quantité assez considérable d'ancienne vaisselle d'étain, assez bien conservée, et qui semblait remonter à une époque très-reculée.

NOTE DEUXIÈME.

L'abbaye de Blanchelande possédait à Picauville la baronnie dite de Pont-l'Abbé, qui lui avait été donnée par Raoul de Lestre, fils d'Odon, bouteiller de Normandie. Cette donation fut confirmée, en 1192, par l'évêque Guillaume de Tournebu. La même abbaye possédait aussi à Etienville le fief de Gottot, qui lui avait été donné vers 1213, par Richard de Reviers, seigneur d'Amfreville. Cette note explique ce qui a été dit, page 24, relativement à l'établissement, par les abbés de Blanchelande, en 1192, de la chaussée et du pont dit de *Pont-l'Abbé*, pour accéder de leur abbaye leur baronnie et leur fief sus-nommés.

Certaines personnes prétendent que c'est aux abbés du monastère des Moitiers et non aux abbés de Blanchelande, que sont dûs le premier établissement de la chaussée et du pont dont nous venons de parler. Si la proximité de cet ancien monastère milite en faveur de ce sentiment, on se demande néanmoins pourquoi les abbés des Moitiers auraient entrepris ce travail alors qu'ils avaient pour communiquer d'une rive de l'Ouve à l'autre, la voie romaine, qui côtoyait leur monastère. Il est vrai toutefois que cette voie semble avoir traversé l'Ouve non sur un pont, mais sur un gué ; ce qui n'était peut être pas sans offrir, en certaines saisons, de notables difficultés. Je n'ai rencontré aucun document de nature à éclaircir péremptoirement ce point historique. — La première légende semble préférable.

TABLE.

APPENDICE.

ERRATA

Au lieu de :	Lisez :
Page 6, lig. 5, *traduirent*	traduisent.
Page 8, lig. 24, *n'aient*	aient.
Page 15, lig. 26, *Zozon*	Lozon.
Page 16, lig. 21, *1879*	1679.
Page 16, lig. 23, *faie*	fuie.
Page 16, lig. 26, *l'Auvel*	l'Ouve.
Page 18, lig. 9, *de la Gardel*	de la Garde.
Page 18, lig. 12, *Maladreries*	Malladeries.
Page 19, lig. 1, *une ferme sous le nom*	une ferme connue sous le nom
Page 20, lig. 24, *Il en fut*	Il fut
Page 27, lig. 16, *Elles a*	Elle a
Page 67, lig. 11, *bois, planté d'arbres*	bois, lieu planté d'arbres
Page 68, lig. 14, *Enquebec*	Enquebecq
Page 68, lig. 14, *Formée*	Formé
Page 68, lig. 17, *un confluent*	au confluent.
Page 68, lig. 19, *fevrarius*	*ferrarius.*
Page 68, lig. 21, *Halsey*	Hasley
Page 72, lig. 9, *propriétaire*	proprement.

www.ingramcontent.com/pod-product-compliance
Ingram Content Group UK Ltd.
Pitfield, Milton Keynes, MK11 3LW, UK
UKHW020204200726
13856UKWH00002B/1192